BEI GRIN MACHT SICH IHR WISSEN BEZAHLT

- Wir veröffentlichen Ihre Hausarbeit, Bachelor- und Masterarbeit

- Ihr eigenes eBook und Buch - weltweit in allen wichtigen Shops

- Verdienen Sie an jedem Verkauf

Jetzt bei www.GRIN.com hochladen und kostenlos publizieren

Agata Gontarczyk

Der Suizid in der Literatur des Umbruchs vom 18. zum 19. Jahrhundert

Darstellung, Funktion und Bedeutung

GRIN Verlag

Bibliografische Information der Deutschen Nationalbibliothek:

Die Deutsche Bibliothek verzeichnet diese Publikation in der Deutschen National-
bibliografie; detaillierte bibliografische Daten sind im Internet über http://dnb.d-
nb.de/ abrufbar.

Impressum:

Copyright © 2013 GRIN Verlag GmbH
Druck und Bindung: Books on Demand GmbH, Norderstedt Germany
ISBN: 978-3-656-88645-7

Dieses Buch bei GRIN:

http://www.grin.com/de/e-book/288404/der-suizid-in-der-literatur-des-umbruchs-
vom-18-zum-19-jahrhundert

GRIN - Your knowledge has value

Der GRIN Verlag publiziert seit 1998 wissenschaftliche Arbeiten von Studenten, Hochschullehrern und anderen Akademikern als eBook und gedrucktes Buch. Die Verlagswebsite www.grin.com ist die ideale Plattform zur Veröffentlichung von Hausarbeiten, Abschlussarbeiten, wissenschaftlichen Aufsätzen, Dissertationen und Fachbüchern.

Besuchen Sie uns im Internet:

http://www.grin.com/

http://www.facebook.com/grincom

http://www.twitter.com/grin_com

Deutsch-Polnische Begegnungsschule „Willy-Brandt-Schule" in Warschau

Agata Gontarczyk

Die Darstellung des Suizids in der Literatur im Umbruch vom 18. zum 19 Jahrhundert, seine Funktion und Bedeutung

Facharbeit im Fach Deutsch

Klasse 10
Schuljahr 2012/2013

Das Suizidmotiv in der Literatur im Umbruch des 18 und 19 Jahrhunderts

1. Einleitung

Der Suizid ist seit der zweiten Hälfte des 18. Jahrhunderts ein beliebtes und oft aufgegriffenes Motiv in der Literatur. Geschichten von Verliebten, Leidenden und Sterbenden wurden schon damals in solcher Anzahl gelesen, dass viele es sogar mit einer Sucht verglichen. *„Die Wirkung dieses Büchleins war groß, ja ungeheuer, und vorzüglich deshalb, weil es genau in die rechte Zeit traf."[1]* So spricht der große Dichter J. W. von Goethe von seinem 1773 erschienenen Briefroman „Die Leiden des jungen Werthers", der unter seinen Lesern zu einem wahren Kult wurde. Dies ist wahrscheinlich auch die Ursache für die ungeheure Beliebtheit der oben angegebenen Thematik. Auch sie traf genau in die richtige Zeit. Denn der Übergang vom 18. ins 19. Jahrhundert brachte eine Menge sozialer wie auch politischer Veränderungen mit sich, die letztlich die Gesellschaft dieser Zeit stark beeinflussten. Diese Änderungen spiegelten sich in der Literatur, in den Charakteren der Figuren. Sie zeichneten sich durch eine herausragende Empfindlichkeit und Rührseligkeit aus. Ihre neue rebellische Auffassung von z.b. Religion, Natur oder die offene Kritik an der Umgebung waren oft Anlass für Konflikte. Diese nahmen in vielen Fällen ein tragisches Ende. Ein Aspekt, der mich dazu bewegt hat, sich in dieser Arbeit mit der Selbsttötung in der Literatur auseinanderzusetzen, war die Erkenntnis, dass, obwohl die Psychologie erst am Anfang des 19. Jahrhunderts als eigenständige Wissenschaft anerkannt wurde, die Verfasser der hier erforschten Werke schon früher in der Lage waren, den Geisteszustand eines Menschen glaubwürdig zu rekonstruieren. Die von ihnen dargestellten Empfindungen stimmen zum großen Teil mit den heute bekannten, wissenschaftlich erforschten Symptomen von emotionalen Störungen überein. Des Weiteren ist die Darstellung der Gedanken der einzelnen Figuren in Momenten der Unsicherheit und kurz vor der tödlichen Handlung besonders interessant. Die Betroffenen haben oft Erkenntnisse, die „glücklichen" Menschen verschlossen bleiben. Sie stellen sich existenzielle Fragen, suchen nach einer Antwort und ziehen Schlüsse, die sie entweder zum weiteren Kampf mobilisieren oder zu ihrem Untergang beitragen. Als besonders ergreifend erweisen sich die Überlegungen junger Menschen, die keine Freude mehr am Leben finden und sich gezwungen fühlen, dieses zu beenden. Ein Drama, das einen besonderen Einfluss auf die Wahl des Themas dieser Arbeit hatte, war Frank Wedekinds „Frühlings Erwachen", obgleich es erst im späten 19. Jahrhundert verfasst wurde.

---

[1] http://www.kerber-net.de/literatur/deutsch/drama/goethe/personen/wetzbuff.htm, 27 .02. 2013

2. Der Suizid

2.1 Bedeutung und Wortherkunft

Der Suizid ist das willentliche vorzeitige Beenden des eigenen Lebens. Er kann durch eine direkte Handlung oder das Unterlassen lebenswichtiger Verhalten, wie essen oder trinken, hervorgerufen werden. Ein Suizid liegt dann vor, wenn der Betroffene sowohl über Entscheidung wie auch Handlungsfreiheit verfügt. Ist bei einem Suizid eine dritte Person beteiligt, nennt man es einen assistierten Suizid oder Sterbehilfe. Dieses Thema wird vor allem im medizinischen Kontext intensiv diskutiert.

Ein erweiterter Suizid liegt dann vor, wenn außer dem Suizidenten auch andere Personen (nicht unbedingt freiwillig) ums Leben kommen.

Im Alltag werden ebenfalls die Begriffe „Selbstmord", „Freitod", „Selbstentleibung" oder „Selbsttötung" benutzt. Dabei ist der Erste der mit Abstand am häufigsten angewandte. „Suizid" ist das in der Fachsprache bevorzugte Wort, da es im Gegensatz zu „Selbstmord" oder „Freitod" weder negativ noch positiv belegt ist.

Es stammt aus dem neulateinischen sui - „seiner" und „cidere" - töten und bedeutet also wörtlich: die Tötung seiner selbst.

Grundsätzlich aber haben alle diese Begriffe die gleiche Bedeutung.

2.2 Geschichtliche, religiöse und rechtliche Hintergründe

Mit der Zeit entstand ein duales Bild des Suizids, das sich erst in der zweiten Hälfte des 18. Jahrhunderts änderte. Man sprach von heroischem und unheroischem Suizid. Als Ursprung des Ersteren nimmt man den Tod Sokrates im Jahre 399 v.Ch. Er wurde des Verderbens der Jugend und der angeblichen Gottlosigkeit angeklagt und zum Tode verurteilt. Den Vorschlag einer Flucht wies er entschieden zurück und nahm das tödliche Gift ein, das ihm vom Gericht zugewiesen worden ist. Judas dagegen, der sich wegen der Last seines Verbrechens das Leben nahm, wurde im Mittelalter zum Beispiel des unheroischen Todes. Im Gegensatz zu Sokrates starb er nicht, um seine Ehre zu verteidigen, oder im Namen einer höheren Wahrheit, sondern aufgrund der Verzweiflung über die Größe seiner Schuld. So wird der heroische Suizid als Zeichen besonderer Geistesgröße und moralischer

Erhabenheit interpretiert, wogegen der unheroische (oder anonyme) Tod für Feigheit und Schwäche steht.

Die Intoleranz gegenüber der Selbsttötung durch die Kirche kann aus den Grundsätzen des christlichen Glaubens hergeleitet werden. Gott ist Herr über Leben und Tod. Das Leben ist heilig und ist nicht Eigentum des Menschen, sondern ihm von Gott anvertraut. Es steht einem Menschen also nicht zu, sich das Leben zu nehmen und damit Gottes Eigentum zu zerstören. Außerdem bezieht sich das fünfte Gebot: „Du sollst nicht töten" nicht nur auf andere Menschen, sondern auch auf die Person selbst. Wer Selbstmord begeht, vollführt eine Todsünde, also eine Handlung, die die ewige Verbindung zu Gott zerstört. Aus diesem Grund wurden Suizidenten früher ein christliches Begräbnis und eine Bestattung innerhalb eines Friedhofs versagt.

Bis ins 18. Jahrhundert wurden Menschen, die einen Selbsttötungsversuch überlebten, sogar strafrechtlich verfolgt.[2]

Aus heutiger Sicht ist der Suizid keine Straftat. Das Grundgesetz der Bundesrepublik Deutschland besagt, dass jeder Mensch das Recht auf Leben hat. Es ist ihm also ebenfalls überlassen, freiwillig auf dieses Recht zu verzichten, selbst wenn die Entscheidung in diesem Fall nicht rückgängig zu machen ist.

3. Beispiele für Selbstmord in der Literatur des 18. und 19. Jahrhunderts

3.1 „Kabale und Liebe"

Im bürgerlichen Drama „Kabale und Liebe" (1784) beschreibt Friedrich Schiller eine unglückliche Liebesgeschichte, die aufgrund der ständegesellschaftlichen Ordnung und höfischen Intrigen ein tragisches Ende nimmt. Ferdinand von Walter und seine geliebte Luise Millerin, Tochter des städtischen Musikanten, finden kein Verständnis für ihre Gefühle, weder am Hof noch im bürgerlichen Haus. Der Präsident möchte mit allen Mitteln die Heirat seines Sohnes mit einem Mädchen tieferen Standes verhindern und plant für ihn bereits eine Beziehung mit einer vorteilhaften Partie - der fürstlichen Mätresse Lady Millford. Auch Miller denkt in Standeskategorien, er lässt seine Tochter aber allein über ihren Partner entscheiden. Ferdinand rebelliert gegen seinen Vater, kritisiert

---

[2] Vgl. http://www.altenpflegeschueler.de/sonstige/suzid-gesellschaft.php, 14.11.2012

desgleichen die feudalen Zustände und beschließt zusammen mit Luise zu fliehen. Diese wird jedoch in höfische Intrigen verwickelt, die Ferdinands Vater und sein Sekretär Wurm erfunden haben, um die Geliebten zu trennen. Sie ist gezwungen einen gefälschten Liebesbrief an den Hofmarschall von Kalb zu schreiben und einen Meineid abzulegen, um ihre Eltern zu retten. Der Brief gelangt an Ferdinand, der glaubt von seiner Geliebten hintergangen worden zu sein. Luise möchte Selbstmord begehen, doch ihr Vater hält sie davon ab, wobei er sich auf die für seinen Stand wesentlichen Grundsätze des christlichen Glaubens und der Moral bezieht. Ferdinand dagegen, bestürzt und verzweifelt, vergiftet Luise und danach sich selbst. Vor ihrem Tod gesteht ihm Luise die ganze Wahrheit. Zum Schluss reicht der sterbende Ferdinand seinem Vater die Hand, was dieser als Geste des Vergebens interpretiert.

3.1.1 Das Drama als Gesellschaftskritik

Friedrich von Schiller wurde am 10. November 1759 in Marbach in Württemberg geboren. Neben Johan Wolfgang von Goethe gehört er zu den bedeutendsten deutschen Schriftstellern und Dramatikern. Im Drama „Kabale und Liebe" (1784) zeigt er die Beziehungen und Spannungen zwischen zwei Ständen – dem moralisch sauberen Bürgertum und dem verdorbenen Adel. Der Autor kritisiert hier radikal die Zügellosigkeit des Hofes und die Ungerechtigkeit des feudalen Systems, was besonders in seiner Darstellung des Soldatenhandels für die Kolonien deutlich wird. Gleichzeitig aber führt er die Begrenztheit des Bürgertums auf. Luises Vater gerät leicht in Versuchung von Reichtum und das Geld ist für ihn von größerer Bedeutung als seine verletzte Ehre. Für das Entstehen des Dramas waren die Erfahrungen Schillers unter dem württembergischen Herzog Karl Eugen (1728- 1793) ausschlaggebend. Die Regierungszeit dieses Herrschers zeichnete sich durch Verschwendung, Willkür und Gewalttätigkeit aus. Im Drama präsentieren zwei Figuren eine abweisende Haltung gegenüber einem solchen Regierungsstil: Luise, versucht dem Präsidenten das Elend der Menschen klarzumachen, Lady Millford dagegen, setzt sich für die Befreiung der Kindersoldaten ein, die in die Kolonien verschickt werden. Mit dem Unglück am Ende des Stückes möchte der Autor wahrscheinlich nicht nur seine persönliche Kritik am Absolutismus und der Ständeteilung äußern, sondern auch zeigen, wozu Verlogenheit und Betrug führen.

3.1.2 Zwischen Wut und Verzweiflung

Sowohl Luise wie auch Ferdinand ringen im letzten Akt des Dramas mit Suizidgedanken.
Luise möchte, als Zeichen ihrer Treue, Ferdinand bitten sich zusammen mit ihr das Leben
zu nähmen, damit sie auf ewig vereint sind. Als sie ihrem Vater den Plan offenbart, fleht
dieser sie an, es nicht zu tun. Miller ist der Meinung, dass Selbstmord die Abscheulichste
aller Sünden ist, da sie Tod und Verbrechen verbindet. Um seine Tochter von ihrer Idee
abzubringen, bezieht sich oft auf den katholischen Glauben. Außerdem unterstreicht er
seine Liebe zu ihr. Schließlich gelingt es ihm Luise mit den Worten: *„ Wenn die Küsse
deines Majors heißer brennen als die Tränen deines Vaters – stirb!"*[3] zu überzeugen, ihr
Vorhaben aufzugeben.

Miller schützt in diesem Beispiel seine Tochter vor dem Suizid, indem er ihr ihren Fehler
vergegenwärtigt. Wäre das Verhältnis von Vater zu Tochter nicht so stark oder Luises
Glaube nicht so tief, hätte ihre Entscheidung auch anders ausfallen können.

Bei Ferdinand dagegen ist bis zum letzten Moment unklar, ob er Suizid begehen möchte.
In der sechsten Szene des letzten Aktes wirft er aus Rache, Arsenik in die Limonade, mit
der er Luise zu ermorden plant. Erst in einem Wutausbruch, bei einem Gespräch mit ihr,
greift er, wie aus Verzweiflung, nach dem Glas und trinkt daraus.

Sein Fall ist in sofern besonders, da der Mann nach Einnahme des Gifts seine Meinung
noch ändert. Nach dem Er die Wahrheit erfährt, ist er über seine Taten erschüttert und
bereut sie. Zum Schluss jedoch scheint er sein Schicksal zu akzeptieren und tröstet Luise
mit den Worten, sie würden nach dem Tode wieder zusammen sein.

3.2 „Die Leiden des jungen Werthers"

„Die Leiden des jungen Werthers", erzählen die unglückliche Geschichte eines jungen
Mannes, seinem Streben nach Freiheit und Leidenschaft. Werther ist ein einsamer Mensch,
der die ihn umfassende Welt nicht versteht. Er kritisiert die Oberflächlichkeit des
Bürgertums und dessen Unfähigkeit sich von materiellen Werten abzuwenden.
In seinem Brief an seinen Freund Wilhelm vom 22. Mai schreibt er wie folgt:
„ Wenn ich die Einschränkung ansehe, in welcher die tätigen und forschenden Kräfte des

---

[3]http://gutenberg.spiegel.de/buch/3317/1, 18 .12. 2012

7

Menschen eingesperrt sind; wenn ich sehe, wie alle Wirksamkeit dahinaus läuft, sich die Befriedigung von Bedürfnissen zu verschaffen, [...] das alles, Wilhelm, macht mich stumm." [4]

Um sich von einer gescheiterten Liebesbeziehung zu erholen, fährt er aufs Land. Dort hofft er Linderung im Kontakt mit der Natur und den einfachen Menschen zu finden. Zufällig macht er Bekanntschaft mit Lotte, der Tochter des dortigen Amtmannes. Die Zusammenkunft mit ihr gibt Werther wieder Hoffnung. Das Gefühl, das er mit der Zeit für sie entwickelt, kann jedoch nicht glücklich sein, da Lotte bereits vergeben ist und sich auf die Hochzeit mit Albert vorbereitet.

Von Liebeskummer geplagt reist Werther ab und sucht Ablenkung in Diensten eines Prinzen. Schnell bemerkt er aber, dass seine bürgerliche Herkunft die Entwicklung seiner Talente, sowie das Verwirklichen seiner Ziele und Idealen unmöglich macht. Nach vielen Unerfreulichkeiten und am Boden zerstört gibt er das höfische Leben auf und kehrt zu Lotte aufs Land zurück. Ohne es ihm mitzuteilen, haben sie und Albert bereits geheiratet, was die psychische Krise Werthers noch vertieft.

Nachdem er von Lotte endgültig zurückgewiesen wird, fasst Werther den Entschluss Selbstmord zu begehen. Er leiht sich von Albert eine Pistole unter dem Vorwand diese auf seiner Reise zu brauchen. Um Mitternacht vor Heiligabend erschießt er sich auf seinem Zimmer, wo ihn einer seiner Bediensteten am nächsten Morgen, so gut wie tot, auffindet. Auf seinem Schreibtisch liegt aufgeschlagen Lessings Drama „Emilia Galotti". Von dem Wein, der ebenfalls auf dem Tisch steht, hatte er zuvor nur ein Glas getrunken. Werther bekommt zum Schluss des Romans keine christliche Beerdigung.

3.2.1 Der Briefroman als autobiographisches Werk Goethes

Johann Wolfgang von Goethe wurde im Jahr 1749 in Frankfurt am Main geboren und starb 1832 in Weimar. Die Werke des Dichters sind überall auf der Welt bekannt und zählen zu den Blüten der Literaturgeschichte. Obwohl Goethe sich nicht als Romantiker sah, und diese Epoche nicht besonders schätzte, näherte er sich in „Die Leiden des jungen Werther" dem Stil dieser Ära. Der Roman beinhaltet viele Motive aus dem Leben des Autors. Grundsätzlich kann man drei verschiedene Einflüsse erkennen.

---

[4] http://www.digbib.org/Johann_Wolfgang_von_Goethe_1749/Die_Leiden_des_jungen_Werther?k=Erstes+Buch, 02.12.2012

Nach Beenden seines Jura Studiums im Jahr 1772 tritt Goethe, ein Praktikum am Reichskammergericht an. Dort lernt er Karl Wilhelm Jerusalem kennen. Am 9. Juni besuchen sie zusammen einen Ball in Volgertshausen. Bei dieser Gelegenheit lernt er die damals 19-jährige Charlotte von Buff und ihren Verlobten Johann Christian Kestner kennen. Goethe verliebt sich in das Mädchen und besucht sie von nun an häufig. Hier lässt sich leicht die Parallele zum Roman herstellen, da Werther Lotte ebenfalls bei einem Ball begegnet. Auch sie ist verlobt. Das schwankende Verhältnis von Goethe und Kestner. Dagegen, kann mit dem von Werther und Albert verglichen werden.

Nach dem Charlotte ihm deutlich zu verstehen gibt, er solle sich keine Hoffnungen machen, reist Goethe im September desselben Jahres ab, offensichtlich um einen Schlussstrich zu ziehen. Ebenso wie Werther führt er am Abend zuvor ein Gespräch mit seinen Freunden über Weggehen und Bleiben.

Besonders stark ist die Orientierung an den eigenen Erfahrungen, an der Figur der Lotte zu erkennen. Allein ihr Name, der eigentlich nur eine Verkürzung des Namens „Charlotte" ist, gibt unmissverständlich zu verstehen, wen sie darstellen soll.

Diese und weitere Gemeinsamkeiten beweisen, dass Goethe im ersten Teil des Romans seinen Aufenthalt in Wetzlar verarbeitet.

Den Selbstmord durch Pistolenschuss dagegen übernimmt er aus dem Suizid seines Studienfreundes Jerusalem. Genau wie Werther wird diesem der Zugang zur „höheren" Gesellschaft aufgrund seiner Herkunft versagt, woraufhin sich dieser das Leben nimmt. Bei der Beschreibung von Werthers Selbstmord hat Goethe wortwörtlich Textstellen aus dem Brief, aus dem er von dem tragischen Tod Jerusalems erfahren hat, verwendet.

Das letzte Ereignis das Goethe dazu bewegte die Leiden des Jungen Werthers zu schreiben war wohl der Streit mit dem Kaufmann Peter Anton Brentano, in dessen Frau Maximilliane La Roche er sich verliebt hatte.

3.2.3 Psychologische Analyse der Ursachen von Werthers Suizid

„Werther hatte, wie wir aus seinen Briefen wissen, nie ein Geheimnis daraus gemacht, daß er sich diese Welt zu verlassen sehnte." [5]

Mit dem Beginn der Psychologie begann man die Beweggründe für Selbstmord

---

[5] http://www.digbib.org/Johann_Wolfgang_von_Goethe_1749/Die_Leiden_des_jungen_Werther?k=Zweites+Buch, 02.12.2012

wissenschaftlich zu erforschen. So entwickelten sich auf dem Gebiet der Suizidforschung zahlreiche Theorien zu den Ursachen, Auslösern und Risikogruppen.

Der Soziologe E. Durkenheim stellte die These auf, dass der Suizid von gesellschaftlichen Faktoren abhängt. Seiner Meinung nach ist bei größerer Integration in eine soziale Bezugsgruppe die Wahrscheinlichkeit für einen Suizid kleiner.

Wie bereits erwähnt, ist Werther ein eher einsamer Mensch. Obwohl er allgemein gemocht wird, findet er keine dauerhafte Gesellschaft. Auch am Hof hat er Probleme damit sich, zu integrieren. Seine ständige Einsamkeit kann also durchaus zu seinem Tod beigetragen haben.

Psychiatrische Behandlungen dagegen, ergeben, dass Zustände wie Trauer, Niedergeschlagenheit und depressive Stimmungen häufig Ursache für einen Suizid sind, da sie die Sichtweise des Betroffenen auf eine alternative Lösung versperren.

Das zunehmend schlechter werdende Selbstgefühl Werthers, wird im Roman durch sein sich Veränderndes Empfinden der Natur dargestellt. Bis zur Ankunft Alberts begeistert sich der Mann für alles um ihn herum. Später aber bezeichnet er die ihn umgebende Natur als einen „qualvollen Geist" und „Verfolger". Dieser Wandel wird vor allem im Brief vom 18. August detailliert beschrieben.

Ein weiterer Faktor, der das Suizidrisiko erhöht, ist das Einnehmen von Drogen, starker Medizin oder Alkohol. Im Roman weist eine Textstelle darauf hin, dass Werther mit der Zeit ein Alkoholproblem entwickelte: *„Sie hat mir meine Exzesse vorgeworfen! [...] Meine Exzesse, daß ich mich manchmal von einem Glase Wein verleiten lasse, eine Bouteille zu trinken."*[6] Vor seinem Tod aber, hatte er nur ein Glas Wein getrunken, was darauf hinweist, dass er die Tat mit vollem Bewusstseim vollbrachte.

Eine weitere Theorie besagt, dass der Wunsch nach Selbstmord möglicherweise mit unbewussten Aggressionen zu tun hat.

In Werthers letzten Brief an Lotte, den sie erst nach seinem Tod erhält, gesteht er:
„In diesem zerrissenen Herzen ist es wütend herumgeschlichen, oft--deinen Mann zu ermorden!--dich!--mich! --so sei es denn!"[7]

Eine solche Zerrissenheit bezeichnet man in der Psychoanalytik als „Todestrieb". In diesem Fall wird der Todeswunsch gegenüber einer gleichzeitig geliebten und gehassten Person gegen sich selbst gerichtet.

---

[6] http://www.digbib.org/Johann_Wolfgang_von_Goethe_1749/Die_Leiden_des_jungen_Werther?k=Zweites+Buch, 02.12.2012
[7] Siehe [6]

3.3 Der Sandmann

Die Erzählung "der Sandmann" von E.T.A Hoffmann ist das erste Werk aus dem Zyklus der Nachtwerke. Sie wurde erstmals anonym im Jahr 1816 in Berlin veröffentlicht. Die Geschichte handelt von einem jungen Mann namens Nathanael, der von einem Phantom seiner Kindheit - dem schrecklichen Sandmann, verfolgt wird. Dieser erscheint ihm unter verschiedenen Gestalten: Coppelius dem Alchemist, der beim Tod Nathanaels Vater anwesend war und Optiker und Wetterglashändler – Coppola. Bis zum Schluss bleibt ungeklärt ob es sich dabei um ein Gespinst seiner Fantasie oder einen Wahren Verfolger handelt. Die immer wieder kehrenden Angstanfälle erschweren Nathanael den Kontakt zu seinen Nächsten und machen ihm den Alltag unerträglich. Nathanael nimmt sich am Ende der Geschichte, durch einen Sturz von einem Turm, das Leben. Es ist schwer zu sagen, ob dies wegen eines weiteren Wutanfalls geschah oder eine endgültige Entscheidung Nathanaels den Albtraum zu beenden.

3.3.1 Der Autor und Entstehungshintergrund

Ernst Theodor Wilhelm Hoffmann wurde am 24. Januar 1776 in Königsberg geboren. Aus Verehrung für Wolfgang Amadeus Mozart änderte er seinen Namen in Ernst Theodor Amadeus Hoffmann. Zu seinen bekanntesten Werken gehören "Der Nussknacker" und "Das Fräulein von Scuderi". Charakteristisch für seinen Stil war das Motiv des Wahnsinns und der Unheimlichkeit, wodurch mit der Zeit das Klischee vom Gepester Hoffmann entstand. E. T. A. Hoffmann war nicht nur als Schriftsteller, sondern auch als Komponist und Zeichner tätig. Zwischen seinem Leben und dem "Sandmann" lassen sich gewisse Ähnlichkeiten aufweisen. Nach der Scheidung seiner Eltern wohnte Hoffmann mit seinem Onkel Johann Ludwig Doerffer, seiner Mutter und Großmutter zusammen. Im gleichen Haus wohnte auch eine verrückte Frau mit ihrem Sohn, sodass der junge Hoffmann bereits sehr früh mit Irrsinn konfrontiert wurde. Doerffer führte bei sich zu Hause eine strenge Disziplin und wurde deshalb nicht sonderlich gemocht. Er könnte daher als Vorlage für den abscheulichen, Kinder hassenden Coppelius gedient haben. Hoffmann hatte in seiner Zeit als Gesangslehrer eine Affäre einer seiner Schülerinnen. Nach zwei Jahren erfuhr er, dass das Mädchen bereits verlobt war. Diese Beziehung kann man mit der von Olimpia und Nathanael vergleichen, der nicht merkt, dass das Mädchen in Wirklichkeit nur eine falsche leblose Puppe ist.

3.3.2 Die narzisstische Krise als Ursache des Suizids

Der Sandmann bietet viele Interpretationsmöglichkeiten. Nichtsdestotrotz hat das Suizidmotiv in dieser Erzählung meistens die selbe Bedeutung. Dieser kommt völlig unerwartet. Zusammen mit seiner Geliebten steht Nathanael auf dem Gipfel eines Turms und die beiden schauen die Menschenmasse unten an. Nach einer schweren Zeit hat der Mann endlich Ruhe und Geborgenheit gefunden. Plötzlich springt Nathanael mit einem Schrei: „Sköne Oke!", über das Gellender, weil er in der Masse Coppelius erspäht. Die unerwartet auftauchende Bedrohung ist ein typisches Motiv der sogenannten Schwarzen Romantik und symbolisiert das Böse, das immer auf den Menschen lauert. Vor allem in der Kunst kann dieses Motiv wiedergefunden werden.

Um die Ursachen für Nathanaels Suizid besser zu verstehen, sollte man zuerst seinen Charakter näher betrachten. Eine der heute diskutierten Theorien für die Ursache eines Suizids ist die so genannte „narzisstische Krise". Der Narzissmus, als psychische Krankheit, beruht meistens auf der inneren Ablehnung seiner selbst und der übertriebenen Versicherung des Gegenteils nach außen. Menschen mit einer solchen Störung haben oft Angst vor negativer Beurteilung vonseiten anderer und können, wenn gekränkt, eine schwere Krise durchleben. Diese kann so weit gehen, dass der Betroffene die Hand gegen sich selbst erhebt. Auch Nathanael weist Symptome einer solchen Erkrankung auf. Er hat ein großes Bedürfnis nach Anerkennung. Ein Zeichen dafür ist seine Liebe zu der Menschimitation Olimpia. Die wenigen Laute, die sie von sich gibt, interpretiert der junge Mann als Begeisterung von ihrer Seite. Außerdem ergreift ihn eine große Wut, als seine Freunde eines seiner Gedichte nicht zu schätzen wissen. Der ihn quälende Verfolgungswahn wird womöglich durch Nathanaels zu hohes Selbstgefühl hervorgerufen. Er ist der Überzeugung, verfolgt zu werden, da sich seiner Ansicht nach, die ganze Welt nur um ihn dreht. Obwohl er vor dem Verfolger zu fliehen versucht, trägt er das eigentliche Problem in sich. Das dadurch hervorgerufene Gefühl der Machtlosigkeit führt ihn letztlich in den Tod. Häufig liegt der Ursprung einer narzisstischen Störung in der Kindheit des Betroffenen. Faktoren, die dazu beitragen sind unter anderen zu wenig Aufmerksamkeit von Seite der Eltern oder die Objektivierung des Kindes. Auch das trifft auf die Hauptfigur der Erzählung zu. In seinem Brief an Lothar erwähnt Nathanael, dass er und seine Geschwister den Vater am Tag nur selten sahen. An den gemeinsamen Abenden, vor dem Besuch Coppelius, saß er oft nur stumm dar und starrte gedankenversunken vor sich hin. Es ist also durchaus möglich, dass Nathanael Selbstmord beging, um eine bereits lang bestehende psychische Krise zu beenden.

4. Die Darstellung des Suizidmotivs in der Literatur

Die Darstellung des Suizids in der Literatur im Umbruch von 18. ins 19. Jahrhundert erweist sich nach näherer Betrachtung überraschenderweise als fast exakte Abbildung präsuizidaler Eigenschaften. Vor allem der Briefroman „Die Leiden des jungen Werthers" bietet zahlreiche wissenschaftlich belegbare Motive für den der Hauptfigur. Manche von ihnen, wie beispielsweise die scheinbar beiläufige Erwähnung des Alkoholkonsums, durch den Erzähler, sind nach genauer Analyse des Texts, Teil eines „Puzzele" von Ursachen, die schließlich zum Selbstmord Werthers führten. Auch die im „Sandmann" dargestellte Krise Nathanaels lässt sich, als mehr als einfachen Verfolgungswahn deuten. Seine narzisstische Persönlichkeit, so wie das ständige Bedürfnis nach Anerkennung und Aufmerksamkeit lassen in seinem Kopf einen Verfolger entstehen.

Trotzdem bestätigt die Darstellung des Selbstmords in diesem Werk, nicht die These, dass vor dem Suizid erst lange Überlegungen erfolgen, da dieser hier unerwartet und schnell erfolgt. Die Darstellung des Suizids in diesem Werk unterstützt eher die Aussage, dass dieser Ergebnis eines plötzlichen Impulses sein kann, der „Das Fass zum Überlaufen bringt." Schillers Drama „Kabale und Liebe" bezeugt, dass der Suizid junger Menschen besonders rührend ist. Außerdem zeigt wie man die Aussagekraft seines Werkes, durch ein tragisches Ende steigern kann.

Oft rief diese Art von Literatur Skandale und erhitzte Diskussionen hervor, sodass viele Autoren sich von den eigenen Werken distanzierten. Andere sahen dagegen den Einfluss, den sie durch Motiv und Stil erzielen konnten, und nutzten die erfolgreichen Werke als Vorlagen für neue, thematisch ähnliche. So entwickelten sich mit der Zeit ganze Reihen von Dramen, Romanen und Dichtungen, die sich mit dem Suizid befassten. Nicht nur die Gespräche drehten sich um den Inhalt der besagten Werke. Wie heute auch beeinflussten sie die Mode, das Verhalten der Menschen und ihre Denkweise. Der Suizid war und ist immer noch oft, vor allem aus moralisch-religiösen Gründen, ein Tabu-Thema in der

Öffentlichkeit. Aus diesem Grund spielen Werke, die sich mit dem Suizid auseinandersetzen, auch eine wichtige Rolle bei der Aufklärung der Gesellschaft.

5. Anhang

5.1 Quellenverzeichnis

Bücher

- Czarnecka, Mirosława, Historia literatury niemieckiej-zarys, Ossolineum, Breslau, 2011
- Frenzel, Elizabeth, Stoffe der Weltliteratur, Kröner, Stuttgart, 2001
- Hanczakowski, Michał, Kuziak, Michał, Zawadzki, Andrzej, Żylis, Bernadetta, Tablice Epoki literackie, Park Edukacja, Bielitz-Biala, 2007
- Komar, Jerzy, Lubach, Andrzej, Stupkiewicz, Stanisław, Szczypowska, Irena, literatura polska, WSiP, Warschau, 1974
- Liewerscheidt, Dietrich, Schlüssel zur Literatur, Econ-Verl, Düsseldorf, 1987
- Maczkowski, Stanisław, Romantyzm, WSiP, Warschau, 1995

Internetquellen
07.11.2012

- http://colegiulgoethe.wordpress.com/2009/03/14/suizid-ein-groses-thema-der-literatur/ ,07 .11. 2012
- http://deutschkursd2.wordpress.com/category/fragen-und-thesen-zum-werther/, 07 .11. 2012
- http://de.wikipedia.org/wiki/Suizid#Problematik_der_Freiwilligkeit, 07.11.2012
- http://www.youtube.com/watch?v=9nuq6DslCyA, 07.11.2012

14.11.2012

- http://www.altenpflegeschueler.de/sonstige/suzid-gesellschaft.php, 14.11.2012
- http://books.google.pl/books?id=eXrAi_wmQ_QC&printsec=frontcover&hl=pl#v=onepage&q&f=false,14.11 2012
- http://www.literaturkritik.de/public/rezension.php?rez_id=13531&ausgabe=20091 14.11.2012

22.11.212

- http://69.167.136.112/referate/Epochen/2/Die-Klassik-als-bedeutender-Hohepunkt-der-dt-Literaturgeschichte-reon.php, 22.11.2012,
- http://de.wikipedia.org/wiki/18._Jahrhundert#Literatur, 22.11. 2012
- http://de.wikipedia.org/wiki/Werther-Effekt, 22 .11. 2012
- http://blog.zeit.de/schueler/2010/07/16/thema-aufklarung/, 22.11.2012

27.11.2012

- http://books.google.pl/books?id=54OEIXN3I3oC&pg=PA126&lpg=PA126&dq=su izid+deutschen+literatur&source=bl&ots=qkC0aZA9o1&sig=U22pnwSVNpaKR WU_x9IUxDNQoVc&hl=en&sa=X&ei=FQG1UI7zM8e0tAboxoHQCA&sqi=2&v ed=0CFsQ6AEwBg#v=onepage&q&f=false, 27 .11. 2012

02.12.2012

- http://www.digbib.org/Johann_Wolfgang_von_Goethe_1749/Die_Leiden_des_jung en_Werther?k=Erstes+Buch, 02.12.2012
- http://www.digbib.org/Johann_Wolfgang_von_Goethe_1749/Die_Leiden_des_jung en_Werther?k=Zweites+Buch, 02.12.2012
- http://www.pohlw.de/literatur/epochen/aufklaer.htm, 02 .12. 2012
  http://www2.vol.at/borgschoren/lh/lh2.htm#vergleich18und19, 02 .12. 2012
- http://de.wikipedia.org/wiki/Anna_Karenina ,02 .12. 2012

06.12.2012

- http://www.artikel32.com/deutsch/1/der-sandmann-von-eta-hoffmann--interpretation.php, 06 .12. 2012
- http://classiclit.about.com/od/dyingdeath/tp/aatp_suicidestu.htm, 06 .12. 2012
- http://www.homepage.bnv-bamberg.de/gk_deutsch/sandmann/novellenschluss-probeaufsatz-pfister.doc, 06 .12. 2012
- http://de.wikipedia.org/wiki/Der_Sandmann_(Hoffmann), 06 .12. 2012

08.12.2012

- http://www.luise-berlin.de/lesezei/blz00_03/text07.htm, 08 .12. 2012
- http://de.wikipedia.org/wiki/Weimarer_Klassik, 08 .12. 2012,

16.12.2012

- http://www.abipur.de/referate/stat/656837347.html, 16 .12. 2012

18.12.2012

- http://www.cdrnet.net/kb/data/DE_Schiller.asp, 18 .12. 2012
- http://gutenberg.spiegel.de/buch/3317/1, 18 .12. 2012

19.12.2012

- http://www.literatur-wissen.net/literaturepoche-sturm-drang.html, 19 .12. 2012,
- http://norberto42.wordpress.com/2011/01/31/epochenumbruch-um-1800-ubersicht-epochen-der-deutschen-literatur-links/, 19 .12. 2012
- http://teilen.dyden.de/index.php?title=Epochenumbruch_18./19._Jh., 19 .12. 2012

20.12.2012

- http://www.hilgertprintagentur.de/zusammenf/Die%20Leiden%20des%20Jungen%20Werther.htm, 29 .12. 2012

28.12.2012

- http://www.bild.de/ratgeber/ratgeber/freitod/warum-bringen-sich-menschen-selbst-um-psychologe-erklaert-10417790.bild.html, 28 .12. 2012
- http://www.christiananswers.net/german/q-dml/dml-y038g.html, 28 .12. 2012
- http://www.hausarbeiten.de/faecher/vorschau/109865.html, 28 .12. 2012
- http://www.lerntippsammlung.de/Die-Leiden-des-jungen-Werther-_-Werther-und-sein-Menschenbild.html, 28 .12. 2012
- http://www.suizidpraevention-deutschland.de/Home.html, 28 .12. 2012
- http://www.suicidepreventionlifeline.org/About/Warning, 28 .12. 2012
- http://www.u25-freiburg.de/suizid.html, 28 .12. 2012
- http://de.wikipedia.org/wiki/Geschichte_der_Psychologie, 28 .12. 2012

29.12.2012

- http://www.abipur.de/referate/stat/654604942.html, 29 .12. 2012

30.12.2012

- http://www.cdrnet.net/kb/data/de_hoffmann.asp, 30 .12. 2012
- http://www.literaturwelt.com/epochen/sturm.html, 30 .12. 2012

01.01.2013

- http://books.google.pl/books?id=4UkwNoza1coC&pg=PA49&lpg=PA49&dq=hero ischer+suizid&source=bl&ots=04NinUO8c1&sig=k52RoXOtZnA8kiJRvU-lS6hCwk4&hl=en&sa=X&ei=9bfiUOunIZHDtAbGvYH4CA&ved=0CD8Q6AEw Azge#v=onepage&q&f=false, 01 .01. 2013
- http://www.william-shakespeare.de/hamlet/hamlet3_1.htm, 01 .01. 2013
- http://woerter.germanblogs.de/archive/2012/08/20/sein-oder-nicht-sein-was-war-eigentlich-shakespeares-frage-interpretation-und-inhalt-von-hamlets-monolog.htm, 01 .01. 2013

02.01.2013

- http://www.bdp-verband.de/psychologie/glossar/suizid.shtml, 02 .01. 2013
- http://books.google.de/books?id=qErCnKFnxoC&pg=PA13&lpg=PA13&dq=gesel lschaftskritik+in+kabale+und+liebe&source=bl&ots=wAp5UB8_XS&sig=_ef-OuE3wmZ7JFSQ8KcLjBxGnY&hl=en&sa=X&ei=cwwNUbWQOseqtAalgoGYC Q&ved=0CFwQ6AEwBg#v=onepage&q=gesellschaftskritik%20in%20kabale%20 und%20liebe&f=false,02 .02. 2013
- http://www.inatu.de/blog/2009/01/05/interpretation-einer-szene-aus-kabale-und-liebe/,02 .02. 2013

03.01.2013

- http://www.drze.de/im-blickpunkt/sterbehilfe/rechtliche-regelungen, 03 .01. 2013
- http://wissen.wi.funpic.de/suizid/eigenes/begriffselbstmord.html, 03 .01. 2013

05.01.2013

- http://motywyliterackie.blox.pl/2009/12/Motyw-samobojstwa-literatura.html , 05 .01. 2013
- http://www.ndst.pl/motyw/motyw_samobojstwa, 05 .01. 2013

06.01.2013

- http://www.docstoc.com/docs/102069472/Samob%C3%B3jca-jako-bohater-utwor%C3%B3w-literackich-Przedstaw-na-, 06 .01. 2013

11.02.2013

- http://www.was-war-wann.de/personen/goethe.html, 11 .02. 2013

20.01.2013

- http://books.google.pl/books?id=Za5BeIUnNwoC&pg=PA177&lpg=PA177&dq=d
  ie+Stimme+des+Herzens+ausschlaggebend+f%C3%BCr+die+vern%C3%BCnftige
  +Entscheidung+war&source=bl&ots=3JFmP4zGDy&sig=h5v4Rcz7LWWceLM-
  NVw3JHoCFNo&hl=en&sa=X&ei=nV78UIy5K5LN4QSouoCABg&sqi=2&ved=
  0CEQQ6AEwAw#v=onepage&q=die%20Stimme%20des%20Herzens%20ausschl
  aggebend%20f%C3%BCr%20die%20vern%C3%BCnftige%20Entscheidung%20w
  ar&f=false,20 .01. 2013
- http://books.google.pl/books?id=immqc3F6wh8C&pg=PA27&lpg=PA27&dq=%E
  2%80%9EDie+Wirkung+dieses+B%C3%BCchleins+war+gro%C3%9F,+ja+ungeh
  euer,+und+vorz%C3%BCglich+deshalb,+weil+es+genau+in+die+rechte+Zeit+traf.
  %E2%80%9C+%5B1%5D&source=bl&ots=-
  pxAnWvSeJ&sig=NvRMulh3y_OMLhqQt8apmJ19he4&hl=en&sa=X&ei=-
  Bj8UPfMFueB4gSXn4CQDw&ved=0CF4Q6AEwBw#v=onepage&q=%E2%80%
  9EDie%20Wirkung%20dieses%20B%C3%BCchleins%20war%20gro%C3%9F%2
  C%20ja%20ungeheuer%2C%20und%20vorz%C3%BCglich%20deshalb%2C%20
  weil%20es%20genau%20in%20die%20rechte%20Zeit%20traf.%E2%80%9C%20
  %5B1%5D&f=false,20 .01. 2013

27.01.2013

- http://is.muni.cz/th/221909/pedf_b/Eva_Zurkova_Bc.Prace-_Eins_oder_zwei.txt,
  27 .01. 2013

19

07.01.2013

- http://cierpienia-mlodego-wertera.klp.pl/a-6127.html, 07 .01. 2013
- http://home.arcor.de/robert.vater/Schule/deutsch7.htm, 07 .01. 2013,
- http://www.psychosoziale-gesundheit.net/seele/suizid1.html, 07 .01. 2013

02.02.2013

- http://www.abipur.de/referate/stat/659324884.html, 02 .02. 2013

11.02.2013

- http://benwahler.tripod.com/wertherd.htm, 11 .02. 2013
- http://www.goethezeitportal.de/wissen/enzyklopaedie/goethe/goethe-werther.html, 11 .02. 2013

12.02.2013

- http://www.dieterwunderlich.de/E_T_A_Hoffmann.htm, 12 .02. 2013
- http://www.kerber-net.de/literatur/deutsch/drama/goethe/personen/wetzbuff.htm, 27 .02. 2013

02.03.2013

- http://flexikon.doccheck.com/de/Narzisstische_Pers%C3%B6nlichkeitsst%C3%B6 rung, 02 .03. 2013

03.03.2013

- http://www.hilgertprintagentur.de/zusammenf/Arbeit%20Inga%20web.htm, 03 .03. 2013